DAVID CAU-DURBAN

VALLÉE

DE BETHMALE

(ARIÈGE)

MŒURS — LÉGENDES ET COUTUMES — HISTOIRE
COURSES PITTORESQUES — GÉOLOGIE

ILLUSTRATIONS DE FÉLIX REGNAULT

TOULOUSE

A. REGNAULT ET FILS, ÉDITEURS
19, RUE DE LA TRINITÉ, 19

1887

DAVID CAU-DURBAN

VALLÉE

DE BETHMALE

(ARIÈGE)

DAVID CAU-DURBAN

VALLÉE

DE BETHMALE

(ARIÈGE)

MŒURS — LÉGENDES ET COUTUMES — HISTOIRE

COURSES PITTORESQUES — GÉOLOGIE

ILLUSTRATIONS DE Félix REGNAULT

TOULOUSE

A. REGNAULT ET FILS, ÉDITEURS

19, RUE DE LA TRINITÉ, 19

1887

LE VAL DE BETHMALE

Cher lecteur, si le ciel te donna des loisirs,
Veux-tu garder d'un jour les plus doux souvenirs ?
Suis-moi. Fuis sans regrets la paisible campagne,
Ou des grandes cités les plaisirs si bruyants.
Non loin de Castillon, dans un coin de montagne,
Au pays de Comminge, en l'ancien Couserans,
Il est un frais vallon que l'on nomme BETHMALE.
Vers lui portons nos pas. Nul site ne l'égale
Par ses aspects divers, riants, majestueux.

Le torrent BALAMET, *en replis tortueux,*
Y roule et va grossir du tribut de ses ondes
Le Gave du Biros, aux rives si profondes.

A droite de la route, au penchant d'un coteau
Qui domine Tournac, pauvre et petit hameau,
Se dessinent au loin, voilés par des broussailles,
Gisant sur des rochers, quelques pans de murailles,
— Pittoresques débris d'un antique manoir. —
Aujourd'hui, les lézards en ont fait leur demeure.
Du sort triste ironie !... Et, lorsque vient le soir,
Le hibou sombre y geint et l'aquilon y pleure.

Qui dira du castel les fêtes, les exploits ?
L'esprit, hélas ! ne peut pénétrer ce mystère.
Nul souvenir ne reste : une tour solitaire
Est le muet témoin des scènes d'autrefois.

Le peuple a conservé ses anciennes coutumes
Et des temps primitifs les mœurs et les costumes.
Les femmes du vallon brillent par leur beauté,
Par leur grâce naïve et leur simplicité.
Sans fard et sans apprêt. Elles sont élégantes,
Dans leurs jupons plissés, aux couleurs chatoyantes.
Admire leurs sabots en esquif recourbés,
Rehaussés en festons par mille clous dorés,
Leurs rouges bonnets dont elles parent leurs têtes,
Et les voiles de lin réservés pour les fêtes.
Des Ibères issu, le sang des Bethmalais
A du sang étranger ne se mêla jamais.
De ces fiers montagnards aussi la race est pure :
Ils sont agiles, forts et de haute stature.
Rien n'est brillant, coquet, comme leurs vêtements,
Que la main d'une femme a semés d'ornements.

Mais gagnons, à travers une pente escarpée,
L'étroit sentier qui mène au fond de la vallée.
C'est là que dort l'étang limpide et poissonneux,
Où la truite argentée et se joue et frétille.
Vienne un rayon d'en haut, soudain elle scintille
Ainsi qu'un diamant qui projette ses feux.

Contemple ce tableau ! Vois-tu d'arides crêtes,
Que frappent si souvent la foudre et les tempêtes ?
C'est le rocher BALAM, *surplombant les ravins ;*
Plus bas, des sapins noirs, des hêtres et des pins
Forment autour du lac une immense ceinture.
Et l'épaisse forêt, par sa sombre verdure,
Contraste avec le vert si tendre du gazon.

Te faut-il un nouvel et plus vaste horizon ?
Gravissons le BALAM. *Au-dessus de l'abîme,*
Se déroule à nos yeux un spectacle sublime !
Ce ne sont que des pics s'étageant sur des monts,
D'étincelants glaciers, des gouffres, des vallons,
Que dore le soleil de sa vive lumière.
De loin en loin, pourtant surgit une chaumière,
Qui, pendant les étés, abrite les pasteurs...
Nulle rumeur d'en bas ne monte en ces hauteurs :
Pas un seul cri d'oiseau, pas une voix humaine.
Quel repos dans les airs !... Dans sa splendeur sereine,
Dominant les sommets, fier, imposant, altier,
Pour la France veillant comme une sentinelle,
Se dresse dans l'azur le géant MONT-VALLIER,
Au front resplendissant d'une neige éternelle.

Pour te plaire et t'instruire, un touriste, un savant,
Publie, ami lecteur, ce livre intéressant,
L'alpenstock d'une main, de l'autre son ouvrage,
Du vallon enchanteur entreprends le voyage.

PAQUITO DE BAÜLOU.

Chalet des Roses (Castillon), juin 1887.

LA VALLÉE DE BETHMALE

Dans les divers ouvrages écrits sur les Pyrénées, une trop petite place est faite, ce nous semble, à une vallée Ariégeoise, à laquelle pourtant ses sites pittoresques et les mœurs originales de ses habitants mériteraient un rang d'honneur.

Les voyageurs, comme les historiens, sont souvent injustes. C'est pour réparer une injustice et combler une lacune, que nous écrivons ces quelques pages sur la vallée de Bethmale. Il est temps de fixer, dans un mémoire spécial, certains aspects de ce modeste recoin des Pyrénées, qui vont chaque jour disparaissant devant l'invasion du cosmopolitisme moderne. Encore quelques années, et ce cachet singulier, qui distinguait l'indigène de chacune de nos provinces aura disparu, et il n'y aura plus en France qu'un peuple dont l'uniforme harmonie de langage, de costume, de mœurs trompera l'observateur dont l'intelligente sagacité ne saura pas retrouver les vestiges d'un passé évanoui.

Le Normand, le Gascon, le Béarnais du bon vieux temps ont disparu. Le Bethmalais vit encore; présentons-le à ses contemporains. Hâtons-nous, car demain, lui aussi, n'existera plus qu'à l'état de souvenir.

Cette étude renfermera deux parties :

La Vallée,
Les Habitants.

I.

LA VALLÉE [1].

I. — Cette vallée a reçu un nom d'origine latine : Bethmale *vallis mala*. Dans quelques parchemins du dix-septième siècle, l'orthographe de ce nom se rapproche de son étymologie : on écrit *Valmale*, et l'indigène encore aujourd'hui, par une légère modification d'euphonie, fréquente d'ailleurs dans les idiomes gascons, appelle sa vallée Bammale.

« Il se dict qu'il faict bon avoir bon nom » d'après Montaigne et je ne sais pourquoi on en a donné un aussi peu en harmonie avec ce joli vallon dont les brillants costumes, la grâce épanouie de ses habitants, ses verdoyantes forêts, ses torrents et ses lacs cristallins reluisent comme un écrin sous l'ardent soleil du Midi.

S'il nous fallait justifier cette dénomination de *vallis mala*, *vallée mauvaise*, nous invoquerions une vieille tradition qui dit que les deux versants la bornant au Nord et au Sud, couverts de forêts, étaient le repaire de nombreux

---

1. Elle mesure à vol d'oiseau environ 14 kilomètres en longueur et 7 en largeur. Son étendue réelle est de 4621 hectares.

fauves. Les traditions ont du bon qui ne nous obligent pas
à refaire nos jugements sur les hommes et les pays, et nous
laissent nos illusions ; celles-là, je les consigne.

II. — La vallée descend du Mont-Valier entre deux arêtes
de pics qui l'accompagnent à l'Ouest, au Sud et à l'Est jusqu'à son ouverture sur les limites des communes de Bordes-
sur-Lez et Castillon.

Ses lignes divisionnaires lui donneraient l'aspect d'un
vaste parallélogramme assez régulier, si elle ne remontait,
en forme d'éperon, à travers les ressauts escarpés du Mont-
Valier.

Dans la ceinture montagneuse qui l'entoure, quelques
cimes émergent, rocheuses, dénudées, stériles. Elles s'éta-
gent graduellement, à l'ouest, du Pic de midi de Bordes
(1785 mètres) jusqu'au Mont-Valier (2839 mètres). Nous
distinguons sur cette sombre arête les pics de Cournau,
Montgarié et Tremul. Du côté de l'Est, la ligne de faîte se
tient à un niveau plus élevé sur le Lampau, l'Eychelle et
le Sébo, puis s'infléchit au port de la Quore (1049 mètres),
se redresse un instant sur les pelouses de Bouiretz et se perd
dans la splendide forêt de Castillon.

III. — Quant au côté géologique, nous détachons d'un
travail de M. Caralp, sur le Mont-Vallier[1], quelques pas-
sages intéressant le pays de Bethmale ; les géologues pour-
ront en faire leur profit.

« A partir de Castillon, la vallée change de caractère : le
bassin se ferme peu à peu, et, vers l'entrée du vallon de
Salsein, la gorge commence, gorge étroite, profonde, flan-
quée de rochers granitiques qui vont nous accompagner
tout le long de la route jusqu'en plein pays de Bethmale.

« Au village de Bordes on est sur la lisière du granite et
des terrains sédimentaires, surtout développés sur la droite.

---

1. *Le Mont-Vallier, aperçu géologique,* par M. Caralp, maître de
conférences à la Faculté des sciences de Toulouse. (*Bulletin de la Société de Géographie de Toulouse,* 1886, n° 3.)

« En prenant devant Ourjout le chemin de Bethmale, on rencontre, immédiatement après le granite, un pointement ophitique sur lequel est bâtie l'église de Bordes. Sur ses flancs et aux bords même de la rivière qui descend du port de la Quore, se montre une bande mince de schistes argileux, noirâtres et de calcaires à couseranites.

« Cette formation, qui se rapporte à la base du Jurassique, se retrouve avec l'ophite sur la rive droite du Lez qu'elle coupe en diagonale, passe par Ourjout, Salsein, et, prenant un développement sans cesse croissant, va se rattacher ensuite au puissant système jurassique de la Bellongue.

« Mais ces terrains secondaires n'ont qu'un rôle tout à fait accessoire dans la vallée de Bethmale. Celle-ci est presque entièrement ouverte dans le gneiss, et plus souvent dans une roche à schistosité peu marquée, intermédiaire entre le granite et le gneiss et qui paraît correspondre au gneiss granitoïde, roche qui presque partout se montre à la base des terrains primitifs; c'est la dépendance d'un grand massif qui couvre les forêts de Castillon et d'Alos, et va donner la main, vers le Nord-Est, au système cristallophyllien des environs de Soulan. Ces masses cristallines, fréquemment aréniformes, sont recoupées par des filons puissants de granit et de pegmatite.

« Le gneiss et les roches congénères abondent surtout dans le fond de la vallée; on ne voit pas autre chose sur le chemin qui réunit les divers villages et sur le sentier qui conduit au port de la Quore. Mais lorsqu'on s'engage sur la droite pour prendre le chemin forestier du lac de Bethmale, on se trouve en présence de roches granitiques très belles, d'un caractère tout différent : ce n'est plus la roche schisteuse de Bethmale, divisible en bancs plus ou moins grossiers, mais un granite massif, compacte, parcouru seulement par des fissures irrégulières qui le divisent en blocs polyédriques; c'est un vrai granite, un granite présentant tous les caractères d'une roche d'intrusion.

Le contact entre le granite et le gneiss primordial a lieu à la faveur d'une faille, côtoyant de près le thalweg même du cours d'eau.

« Le granite du lac, dans lequel on peut distinguer deux

feldspaths (oligoclase et orthose), est fréquemment teinté en rouge par l'oligiste ou en vert par la chlorite et l'épidote. Il reparaît avec le même faciès en amont de Bordes et forme des escarpements sauvages taillés à pic au bas desquels serpente la route de Selntein.

« Ce granite offrant d'ailleurs maintes ressemblances avec la protogine, persiste jusqu'à la maison forestière bâtie sur les bords du lac ; mais le fond du cirque a pour composition des calcaires siliceux, des dolomies contenant du grenat et de l'idocrase, et l'on y rencontre surtout ces roches rubanées semi-calcaires, semi-feldspathiques qui abondent au sud du pic du Midi, vers le col de Tourmalet, et dans toute la région de Barèges, et qu'on a pour ce motif appelées barégiennes ; elles se dressent en escarpements abrupts, grisâtres, couronnés de hêtres et de sapins. »

Quant au Mont-Valier, qui dresse sa masse pyramidale à l'extrême frontière méridionale, au point d'intersection des communes de Bethmale, de Bordes et Seix, sa constitution géologique est de la part de notre ami[1] l'objet d'une étude spéciale : il a pour soubassement le granite de Trémoul, mais sa masse est constituée par des dalles siliceuses, des calschistes, des calcaires gris-cendrés, des dolomies..., dessinant un large pli synclinal dans lequel le sommet du pic semble encastré.

N'est pas géologue qui veut, et tout venant ne comprendra pas les observations scientifiques que je transcris. Ce n'est pas ma faute si je n'ai pu, comme jadis le désirait M. Jourdain, « tourner cela gentiment ». La géologie, comme la diplomatie, a une langue qu'on doit respecter, et je prie le lecteur de me faire crédit encore de quelques lignes en faveur de la flore.

Cette partie de l'histoire naturelle n'a pas encore été faite, dans la contrée, d'une façon attentive, minutieuse. Nous savons qu'elle est l'objet d'une étude spéciale de la part d'un botaniste indigène, qui fera bientôt connaître le fruit de ses persévérantes investigations. Nous pouvons, d'ores et déjà, affirmer qu'elle ne diffère pas essentiellement de la flore des autres vallées pyrénéennes du versant français.

1. *Bulletin de géographie,* 1886, p. 135.

Dans une excursion faite au Mont-Vallier, nous avons recueilli fréquemment la gentiane des Alpes, l'hutchinsie, le saxifrage mousse, le leucanthème, le ceraiste laineux, le myosotis des Pyrénées, l'armerie, le liondent, la cardamine à feuille de réséda, la linaire, l'antennaire dioïque, la fétuque, etc. Plusieurs plantes aromatiques, telles que la réglisse et le serpolet, croissent sur les pentes ensoleillées des montagnes et constituent des pacages supérieurs pour les troupeaux que l'on y mène paître à la belle saison.

J'aurais pu allonger la nomenclature des fleurs de la vallée, mais le spirituel auteur des *Essais* a dit : « Quelque diversité d'herbe qu'il y ait, tout s'enveloppe sous le nom de salade. » Et il ne manquerait pas de malins, si nous nous attardions, à qui cette parole reviendrait sur les lèvres Fuyons les malins et parlons *de la pluie et du beau temps.*

IV. — Car il pleut dans ce beau pays de Couserans, durant les humides journées du printemps, comme si les cataractes du ciel avaient promis d'honneur d'éternellement alimenter ses réservoirs hospitaliers, où vont se désaltérer les oiseaux, les troupeaux et les pâtres. C'est grâce à ces ondées fréquentes que le Bethmalais doit la fertilité de son champ et l'incomparable verdure de ses prés. Son climat est généralement assez froid. La neige séjournant plusieurs mois sur les cimes qui l'environnent refroidit l'atmosphère. L'hiver y est long et rigoureux; l'été, avec ses journées d'un feu tropical, de courte durée. L'automne, en revanche, avec ses soleils attiédis et ses nuits étoilées, en fait, pendant de longues semaines, un séjour délicieux. Toutefois, à l'époque des frimas, l'exposition des maisons, bâties par une intelligente précaution sur le versant méridional, atténue les rigueurs de la température. Ouverte au nord et à l'est, les courants d'air purifient son atmosphère et préservent sa population de ces désolantes épidémies qui déciment des contrées moins salubres.

En suivant le chemin qui relie les villages d'Arien et d'Ayet, on entend sur le fond de la vallée murmurer, entre deux ligues sinueuses de peupliers, le principal cours d'eau,

le Balamet. Il prend naissance sur les montagnes de Ma-
lédo, traverse le laquet d'Eychelle et passe au pied de Balam qui lui donne son nom; puis, s'alimentant d'une infi-
nité de ruisselets qui descendent des versants opposés,
serpente entre deux rives escarpées et va mollement se jeter
dans le Lez, au village de Bordes. Ordinairement paisible
et d'un débit assez faible, le Balamet se change parfois en
un torrent impétueux.

Parallèlement au Balamet, le ruisseau de Campurs, qui
bondit en légères cascatelles du lac de Bellonguère, descend
à travers les lignes boisées de Létruc et rejoint le Lez, à
quelques pas en aval du confluent du Riberot.

Ces deux ruisseaux, qui nourrissent une truite exquise,
animent les prairies et les bois qu'ils traversent du bruit
argentin de leurs flots, qui tantôt se heurtent bruyants et
mousseux contre la roche qui entrave leur course, et tantôt
s'épandent paisibles, silencieux sur des pelouses bordées
d'aunes, de campanules et de verts églantiers empanachés
de leurs petites roses sauvages. Comme la vie est souvent
engendrée de la mort, eux reçoivent leur agitation fébrile
et leur incessant gazouillement de leurs inépuisables bassins dormants et muets qui ne réfléchissent, sur les hauts
monts, que les éternels aspects du ciel. C'est une majestueuse chose que ces grands abîmes d'eau enfermés dans de
gigantesques bassins, comme des captifs volontaires se re-
posant dans de mornes solitudes où nulle tempête ne vient
troubler la sérénité de leurs ondes. C'est l'image des âmes
fortes dans la puissance de leur vertu !

Et comme si la nature, en d'autres lieux si parcimo-
nieuse, avait voulu prendre ici une revanche généreuse, elle
a formé sept petits lacs, dans la partie montagneuse : les
lacs d'Arauet, de Cruzous et de Milouga dans le ravin de
Lespugue; le laquet d'Eychelle, à la base du pic du même
nom; les étangs de Bellonguère et d'Ayet, sur les hauteurs
de Campurs, et le lac de Bethmale, le plus connu de tous,
dans ce beau cirque que domine la crête ruiniforme de
Balam.

V. — S'il est vrai que les peuples heureux n'aient pas d'histoire, je devrais chanter l'*œterna felicitas* des Bethmalais, parce que je ne leur en connais pas.

Quelques écrivains, plus fantaisistes que véridiques, ont bien voulu leur en faire une; mais l'imagination ne crée que des légendes, et la sévère histoire doit s'appuyer sur des documents authentiques. A défaut de témoignages explicites et de preuves écrites, nous avons quelques vestiges d'une ancienne civilisation encore indéfinie qui nous ramènent dans ces âges lointains des premières invasions des peuples de l'Orient vers les Pyrénées.

Sur la rive gauche du Balamet, non loin du village d'Ayet, dans les pentes d'une prairie, se dresse un de ces monuments mégalithiques que l'on ne trouve que rarement dans nos contrées, le menhir de *Peyro-Quillado*. C'est un gros bloc de granit fiché en terre par la pointe et qui mesure sept pieds de haut. Les quelques fouilles que nous avons pratiquées aux alentours n'ont pas donné de résultat; et nous sommes, ici encore, sans indices sur la destination de cet étrange monument.

Mais je vous en dirai la légende. A défaut d'histoire vraie, c'est une consolation d'en rencontrer une simplement affirmée.

Le pré au milieu duquel s'immobilise ce froid et silencieux témoin d'évènements et de jours oubliés appartenait jadis à un homme qui était fort soupçonné d'avoir obtenu du diable, par un pacte secret, des pouvoirs extraordinaires.

Un jour qu'il fauchait avec son jeune domestique :

— Mon petit, lui dit-il, tu devrais monter sur ce cerisier qui est là-bas au milieu de la prairie, et me cueillir quelques bouquets de cerises.

— L'arbre est trop haut, répliqua l'enfant, je ne pourrais y atteindre.

— Portes-y cette pierre, cette pierre longue qui est quillée sur le bord du ruisseau.

— Çà, maître, il n'y aurait, dit-on, que vous pour le faire...

Sur l'heure de midi, le maître et le petit espiègle s'assirent pour prendre leur repas et s'endormirent un instant.

A leur réveil, la pierre longue du bord du ruisseau fut au milieu du pré, sous le grand cerisier.

La chose est sûre, car beaucoup de survivants d'Ayet l'ont vue et l'ont contée.

Çà et là, dans les champs et les bois, il a été aussi recueilli quelques objets de l'âge de bronze, haches, pointes de flèches, lames de poignard d'un caractère primitif.

Le séjour des maîtres du monde, les Romains, est attesté par deux inscriptions funéraires. L'une, qui a disparu, est citée par M. de Basville en ses Mémoires[1].

D. I. M.

JULIÆ SERGII

FILIAE PAVILINAE AE

M. SERGIVS PAVLVS

MATRI PIISSIMAE.

« *Aux Dieux Manes Immortels*. M. Sergius Paulus à la mémoire de son excellente mère Julie Pauline, fille de Sergius. »

L'autre, qui fait partie de ma collection archéologique, a été récemment découverte dans une vieille maison. Je la transcris.

VIV

FVSCVS TOTONIS F

SIBI ET VXORI

NEVRENSENI SENDI F

Θ LVCILIO FILIO

LVCILIAE FILIAE.

« De son vivant, Fuscus, fils de Totton, â élevé ce monument pour lui et son épouse Neurenséne, fille de Sendus, et pour son fils Lucilius et pour sa fille Lucilie, défunts. »

« Cette dernière inscription, observe M. J. de Lahondès,

1. *Mémoires pouvant servir à l'histoire de Languedoc*, Amsterdam, M.DCCXXXIV, p. 251.

montre la rapidité avec laquelle les vallées les plus profondes des Pyrénées adoptaient les coutumes latines. Les noms
purement latins du fils et de la fille et celui du père lui-
même succèdent aux noms indigènes de la mère et du
grand'père. Les noms d'homme, Toto et Sendus, et le nom
de la femme Neurensène étaient encore inédits dans l'épigraphie pyrénéenne[1]. »

Les souvenirs de la domination romaine ne sont pas,
d'ailleurs, rares dans l'ancien pays de Couserans. Sans parler
des irrécusables témoignages de leur conquête qu'ils ont
laissé dans l'antique cité de Saint-Lizier, nous pourrions
mentionner la pile et la voie romaine de Luzenac, l'autel
votif d'Aulégnac et les diverses médailles recueillies à Bor-
des-sur-Lez et dans quelques localités de la vallée de Biros.

En face le village d'Arrien, sur une sorte de promon-
toire rocheux, qui se détache des flancs de la Serre, se dessine la sombre silhouette du donjon de Bramevaque. C'est
une tour carrée sans ouvertures, à demi recouverte encore
d'une voûte en maçonnerie. Ce donjon, isolé du mur d'en-
ceinte, est bâti en appareil moyen assez grossièrement
taillé. Il est défendu, sur les côtés accessibles du mamelon,
par un triple rempart, tandis qu'un simple mur de clôture
domine le ravin, au pied duquel coule le ruisseau de la
vallée.

La cour qui environne le donjon est carrée. Elle était
occupée par de petits corps de logis liés aux murs d'en-
ceinte. C'était là que devaient s'abriter les troupes et que
l'on serrait les provisions alimentaires et les munitions de
guerre.

Nous y avons récemment découvert une épée de fer, des
boucles de cuivre, des éperons et un denier de Charles VI.

Le castel de Bramevaque n'a pas laissé des souvenirs
précis dans l'histoire du pays. C'était, à notre avis, une de
ces « vedettes que les anciens avaient bâties le long des
Pyrénées, depuis une mer à l'autre pour s'avertir par des
feux de l'approche de l'ennemi. »

1. *Bulletin de la Société archéologique du midi de la France*, 1883-
1884.

Quel que soit le rôle que cette petite forteresse ait joué dans la défense de nos contrées, il faut avouer que la position en était admirablement choisie pour surveiller le port de la Quore et les gués du Lez; elle tenait les clefs des deux vallées de Biros et de Bethmale.

Une légende assez poétique se rattache à ces vieux pans de mur que la verdure du lierre semble rajeunir. Dans le sous-sol du château est cachée une cloche d'or gardée par un serpent. Or, un jour, advint dans le pays une jeune fille blonde, svelte, pâlie par les fatigues d'une longue route; mystérieuse étrangère que personne ne reconnut et qui s'en alla directement aux ruines par le sentier du levant. Les voisins, dont les chaumières sont étayées sur les flancs de la colline, la virent soudain, aux premières lueurs de l'aurore, gravissant le sentier escarpé, sans savoir par où elle était venue.

Près d'une touffe d'herbes, elle s'arrêta et frappa trois coups de son pied mignon.

Un dragon, aux yeux étincelants comme des diamants, leva, au-dessus des herbes, une tête diaprée de mille nuances, et d'un ton doux et caressant :

— Belle fille, aux longs cheveux d'or, que cherches-tu de si grand matin sur ces rocs solitaires?

— Beau serpent, répondit-elle, je suis la fille des anciens seigneurs de ce castel. Veux-tu me dire où est le lingot d'or caché par mes ancêtres sous ces ruines?

— C'est moi qui suis le fidèle gardien du dépôt de tes pères. A tes yeux étonnés, je vais faire briller le lingot d'or, si tu veux m'accorder d'abord une faveur.

— Beau serpent, quelle faveur pourrais-tu demander à une pauvre fille qui ne t'avait jamais vu?

— Je veux te faire plus riche que les plus riches reines du monde, si tu veux me laisser déposer un seul baiser sur ton chaste front.

La jeune inconnue poussa un grand cri et s'enfuit. Cherchant un refuge contre la séduction du hideux tentateur, elle se réfugia dans une cabane voisine où elle conta, pour prix de l'hospitalité, ce que je viens d'écrire.

Sur la fin de son récit, la belle voyageuse fatiguée de sa longue route demanda à prendre un peu de repos; on éten-

dit une peau de mouton devant le foyer et la jeune prin-
cesse aux blonds cheveux d'or s'endormit.

Et les gens de la maison, du plus petit au plus grand s'en
allèrent aux champs. A leur retour, la belle voyageuse
avait disparu. Par un chemin inconnu, elle avait regagné
sa lointaine patrie.

Des ruines perdues dans les ronces, passons aux monuments d'une époque plus récente. Deux grandes églises
projettent leurs élégants campaniles au-dessus des toits de
chaume qui les environnent. Rebâties, aux chef-lieux de
paroisses, Arrien et Ayet, sur d'anciennes substructions
romanes, elles forment deux vastes bâtiments remarquables par l'ampleur de leurs nefs et la décoration de leurs
sanctuaires. Quand on franchit le seuil de ces églises, on
est agréablement surpris à la vue des rétables si riches qui
ornent les autels. Des colonnes torses enlacées de branches
de vignes dans lesquelles voltigent des oiseaux, surmontées
de chapiteaux corinthiens, sur lesquels courent d'élégantes
corniches, forment d'admirables cadres aux images des
saints logées dans des niches dorées. Les vases de fleurs, les
arabesques, les têtes d'anges et vingt autres motifs variés
animent et enrichissent ces boiseries d'une vie surprenante.
Nous avons retrouvé ce genre de décoration dans plusieurs
églises d'Espagne ; les rétables de Bethmale sont d'heu-
reuses imitations d'un style que l'imagination pompeuse
des artistes espagnols surcharge un peu trop, et accusent
une admirable générosité dans cette population indigente
qui n'a reculé devant aucun sacrifice pour l'ornementation des édifices religieux.

VI. — Toute excursion dans la vallée de Bethmale doit
se terminer par une visite au lac et l'ascension du Mont-
Valier.

Le lac est situé, comme nous l'avons dit, dans un cirque
majestueux formé par les declivités abruptes du Mont-Ner
et du rocher de Balam. Les gigantesques parois du cirque
sont tapissées d'une opulente verdure, à la base, et couronnés, au sommet, d'une crête qui profile, dans le ciel, ses

profondes dentelures. La nappe d'eau qui remplit le fond du bassin n'est pas d'une grande étendue, mais elle renferme un poisson très estimé, la truite saumonée, dont la chair ferme et savoureuse fait les délices des gourmets. Ce lac, dans les chaudes journées d'été, est souvent le rendez-vous « de joyeuses et honnêtes compagnies. » La nuit, au clair de la lune, condition essentielle d'une pêche fructueuse, on fait provision de poisson ; le jour, tout frétillant encore, on le prépare, en plein air, sous le dôme bruissant d'un hêtre qui domine le tertre, de vieille date connu sous le nom de *Tos des Moussus*.

C'est là, qu'avant la construction du chalet forestier, on allumait le feu contre un bloc de granit et que l'on dressait la plus rustique des tables sur le gazon. C'est là encore, sur ces roches brunies d'un tapis de mousse, que vont se reposer, méditer et écrire les excursionnistes qui préfèrent au confortable vulgaire d'une maison le ravissant spectacle d'un site alpestre.

Ce lac a, dans la tradition populaire, sa légende gracieuse et fraîche comme le paysage qui l'entoure.

C'était, autrefois, une vaste prairie verdoyante entourant une cabane dans laquelle vivaient deux jeunes filles, d'une rare beauté. On ignorait et leurs noms et leurs moyens d'existence et leur pays d'origine. On les avait vues, quelquefois, au lever du soleil, cueillant des fleurs et des fraises dans les bois voisins, mais s'éloignant, rapides comme l'éclair, dès qu'elles sentaient autour d'elles la présence d'un être humain. Un jour, des sources mystérieuses, émergeant du sol à grands flots, inondèrent la prairie. La cabane et ses deux timides solitaires furent subitement englouties. Aujourd'hui encore, le pêcheur attardé, à l'heure des pâles visions, voit sur les bords du lac les deux jeunes nymphes peignant leurs longs cheveux et se mirant dans la nappe cristalline de ses eaux.

Si du lac, vous voulez aller au Mont-Valier, vous prenez la direction du Midi par les lacets qui se dérobent sous l'ombreuse forêt de Cadus, et, tournant à gauche, vous côtoyez la sapinière de Mont-Ner. Vous saluez, en passant, les cimes sourcilleuses du Garbé de Balam et vous allez, vers le milieu du jour, faire halte aux cabanes d'Eychelle. Puis, reprenant votre gourdin, vous gravissez le Portet, à travers un chaos d'éboulis et vous voilà dans les pâturages de Haute-Serre, d'où vous apparaît subitement, dans le ciel d'or de l'Espagne, le gigantesque dôme du Mont-Valier. Ce n'est pas sans un saisissement étrange que l'on voit se dresser, à quelques pas devant soi, cette énorme pyramide s'isolant dans la majestueuse solitude de toutes les cimes voisines. C'est la robuste expression des forces de la nature qui se pose devant vous et humilie votre orgueil !

L'ascension du Mont-Valier doit se faire par le versant de Seix ou le versant de Bordes. Du côté de Bethmale, l'escarpement est à pic et défie le pied le plus exercé.

Avez-vous jamais escaladé une de ces cimes olympiennes que, dans vos rêves d'enfant, vous avez cru voisines des étoiles ? Pour l'amour de votre âme, arrachez-vous un jour aux soucis énervants des affaires, au tumulte d'une vie factice et surmenée, et allez, une heure seulement, habiter une de ces solitudes aériennes où nul bruit d'en bas ne trouve d'écho. Là, vous sentirez, dans un frisson divin, le réveil de vos nobles facultés atrophiées par l'atmosphère malsaine des cités. Là, si « l'infini souffre en vous, » vous le verrez se dilatant et prenant un sublime essor vers les régions de l'idéal. Involontairement alors vous reviendront en mémoire ces hautes pensées de l'auteur des *Méditations poétiques*.

> Là, tandis que je nage en des torrents de joie,
> Ainsi que mon regard mon âme se déploie,
> Et croit en respirant cet air de liberté
> Recouvrer sa splendeur et sa sérénité.
> Oui, dans cet air du ciel, les soins lourds de la vie,
> Le mépris des mortels, leur haine, leur envie,
> N'accompagnent plus l'homme et ne surnagent pas,
> Comme un vil plomb, d'eux-mêmes ils retombent en bas ;
> Ainsi, plus l'onde est pure et moins l'homme y surnage.
> A peine de ce monde il emporte l'image.
> Mais ton image, ô Dieu ! dans ces grands traits épars,
> En s'élevant vers toi grandit à nos regards.

(Lamartine, Médit., XIII.)

J'ai fait l'ascension de ce pic, dont le nom est mêlé aux

origines chrétiennes de nos contrées, dans les premiers jours d'août 1885, avec quelques savants et joyeux compagnons. Je regrette de n'avoir pas le vigoureux et puissant pinceau de l'auteur des *Natchez* pour peindre les scènes grandioses dont nous fûmes témoins sur les deux versants du Mont-Valier.

Au Nord, un voile immense de nuages couvrant les vallées et les plaines se confondait au loin avec les dernières lignes d'un horizon vaporeux. Immense mer floconneuse dont les vastes ondes ensevelissent les villes et les peuples dans un calme lugubre. Pas un écho du bruit de l'homme qui s'agite dans le réveil du matin, pas un hurlement de fauve, un chant d'oiseau ou de torrent, ni un cri de pâtre... Rien, rien n'arrivait jusqu'à nous qu'un silence solennel, comme si un froid suaire avait été jeté sur la nature blessée à mort. Quelquefois cet océan de nuages s'agitait houleux, inquiet, sous l'action d'un courant invisible ; alors, çà et là nous voyons émerger quelques cimes des plus élevées ; un plateau, un vallon apparaissaient comme un mirage ravissant, mais soudain se replongeaient dans les vagues obscures et le suaire se tendait de nouveau sur ces apparences fugitives de vie.

Quelques-uns semblaient regretter de ne pouvoir, de ces hauteurs, admirer dans un lumineux éclat de soleil, les champs, les coteaux, les bourgs de leurs beaux pays et dominer sur un vaste rayon les gorges et les crêtes des Pyrénées. Pour moi, je trouvais un charme saisissant, incomparable dans ce spectacle émouvant de repos et de silence.

Au midi, le tableau était tout différent. Ici, dans le ciel lumineux, ardent de l'Ibérie, se détachaient les grands pics, dont les pentes drapées de la sombre verdure du pin se couronnent, dans les zones supérieures, de glaciers étincelants, le Nethou et l'épais massif de la Maladetta, les chaînes altières de l'Aran et de l'Andorre, qui forment à la péninsule Ibérique une formidable barrière contre les invasions des nations septentrionales. Derrière cet immense boulevard, « les plaines étranges de l'Espagne, laides peut-être de près, mais sublimes de haut pour qui peut en discerner l'ordre général », dit M. Fr. Schrader.

Qui a fréquenté nos montagnes frontières connaît la

sublime originalité de ce contraste. Debout sur un pic, il a vu un versant éclairé d'un splendide soleil, tandis que l'autre était obscurci d'épais nuages.

Outre le panorama à double décor et les pensées philoso-phiques qu'il engendre, le Mont-Valier offre un intérêt de légende et d'épigraphie que nous ne pouvons omettre.

Les trois pitons rocheux qui terminent sa lourde cime étaient autrefois surmontés de trois croix. Il n'en reste plus qu'une, portant une inscription que nous étudierons. Les deux autres ont disparu, laissant, dans les traditions du pays, des souvenirs de leur influence mystérieuse. L'une aurait été, par un berger irrespectueux, précipitée dans l'abîme ; mal lui en prit, car, à l'instant, une effroyable tempête se déchaîna et un coup de foudre terrassa le malheu-reux sur le champ même de son triste exploit. Il fut relevé mourant et paya de sa vie, après une longue agonie, son action sacrilège. L'autre fut enlevée par un pâtre de Seix ; son larcin fut inspiré par un sentiment excusable. Une épi-démie mortelle décimait son troupeau. Le berger du haut Couserans s'imaginant que cette croix serait un talisman protecteur pour sa bergerie l'emporta furtivement et la plaça à l'entrée de sa grange. Oncques plus, il n'éprouva de ces pertes ruineuses qui rendaient inutiles ses soins et ses fati-gues.

Jusque-là, peut-être, nous sommes dans le domaine de la légende, car rien n'est épris du merveilleux comme l'âme naïve de nos montagnards. Mais, avec la troisième croix que l'homme et les éléments ont respectée jusqu'à ce jour, nous entrons dans le champ de la réalité.

Cette croix, nous l'avons vue et vénérée sur cet énorme piedestal d'où elle domine les contrées que le premier apôtre du Couserans évangélisa, il y a quinze siècles. Elle est taillée dans un bloc de calcaire blanc. La main pieuse qui lui a donné la forme robuste qui lui permet de résister aux injures du temps y a gravé l'inscription que nous reprodui-sons. On y lit sur le champ tourné vers le Couserans[1].

---

1. Cette croix mesure de la base au sommet 0^m50, et 0^m55 dans la direction des bras.

EPISCOP

DOMIN VALERIS

POSVERE

1672

La tradition attribue l'une des croix qui couronnaient cette montagne à saint Valier lui-même. Evidemment ce n'est pas celle qui porte l'inscription que nous venons de transcrire, mais l'une de celles qui ont été enlevées. L'évêque qui a érigé celle qui est encore debout a, sans doute, voulu perpétuer ce souvenir dans l'inscription que nous proposons de lire ainsi :

EPISCOPVS

ET DOMINVS VALERIVS

POSVERE

1672

« L'évêque B. de Marmiesse (qui, en 1672, occupait le siège de Couserans), a érigé cette croix, et saint Valier l'une de celles qui ont été enlevées à la vénération chrétienne. »

Cette interprétation épigraphique nous semble justifiée par la lecture rétablie de l'inscription par l'histoire et la légende populaire. Nous laissons aux érudits le soin de la redresser, si nous faisons erreur.

II.

LES HABITANTS [1].

I. Costumes. — II. Intelligence et mœurs.. — III. Religion et pratiques superstieuses, — IV. Usages. — Proverbes, chants et légendes.

I. C'est par le costume de ses habitants que cette vallée s'est créée auprès des touristes une célébrité dont elle jouit sans partage dans la région. Aussi, avant de pénétrer dans leur vie intime et d'étudier leurs facultés intellectuelles, leurs mœurs, leur langage, nous arrêterons-nous à la description de ce costume élégant et original qui leur fait une place distincte parmi les populations ariègeoises.

Le costune de l'homme se compose d'une petite calotte qu'il porte coquettement sur l'oreille ; elle est d'étoffe rouge et bleue rehaussée de paillettes d'or et de jolis dessins en soie. Les jours de fête, la calotte cède la place au chapeau à larges bords entouré d'un ruban noir. La veste courte est de mise, dans la même circonstance ; mais en dehors des jours d'apparat, le jeune *fadri* porte un tricot blanc bordé d'un liséré de velours et chamarré d'innombrables arabesques qui courent en tous sens sur la poitrine et sur les bras. Sous le tricot, un gilet blanc s'entre-croise comme l'ancien habit du Directoire sur une chemise à haut col richement brodé. Puis une culotte étroite, retenue par un gros bouton jaune, va se rattacher aux guêtres serrées au genou par de belles jarretières de soie. Chaussez notre gars de ses solides

---

1. D'après le recensement de 1886, la vallée renferme mille huit cent trente-cinq habitants répartis en six petits villages : Arrien, Ayet, Villargein, Aret, Tournac et Samortein.

sabots à pointe recourbée, donnez-lui un long et solide bâton, et vous aurez le plus turbulent, le plus fier et le plus sobre des pâtres pyrénéens.

Le costume de la femme est fait de luxe et de coquetterie; aussi, il relève bien, sans les exagérer, tous les agréments d'une nature charmante, sans affectation et sans fard.

Une cornette de lin qui enveloppe tous ses cheveux, retombe légèrement sur ses épaules et forme un cadre de lignes blanches autour de son front et de ses pommettes vermillonnées. Cette cornette est retenue par une coiffe rouge enluminée de grâcieux dessins et pressée par deux tours de ruban qui la couronnent d'une sorte de diadème à beaux reflets; une veste de diverses nuances, aux manches courtes qui dégagent l'avant-bras, dessine sa taille, et une jupe très plissée sur les hanches, laisse voir l'extrémité de la jambe

> « Et ses sabots chéris, dont l'amour, avec art,
> « A relevé la pointe en figurant un dard [1]. »

Pour complément de toilette, un foulard à grands ramages couvre les épaules ; un tablier à petits carreaux ou de teinte unie est retenu autour de la taille par un large ruban de soie bleue, et une bavette en croissant remontant à la hauteur de la gorge, entoure les broderies d'une fine chemise sur laquelle scintille un épingle brillante; une chaînette en fil de laiton retient un faisceau de cordons de cuir auxquels sont attachés la bourse, les ciseaux et les clefs de la ménagère... et le légendaire couteau du bel âge à manche de corne parsemé de clous qui rappelle des jours et des serments évanouis.

La petite fille et le garçonnet, jusqu'à l'âge de huit ans, portent le même costume : robe, tablier à bavette avec *cascarinet* illustré de bouquets de rubans, de paillettes et de boutons multicolores. A l'âge d'aller à l'école et à l'église, le bambin prend la petite culotte et le béret, laissant à sa jeune sœur sa défroque du bas-âge.

1. Manau de Boisse : *Promenades dans le Saint-Gironnais*.

L'un des objets les plus remarquables de la toilette bethmalaise est le sabot élégamment recourbé en pointe effilée, chamarré de clous jaunes dessinant sur l'empeigne des cœurs ou de petites rosaces; les brides de fer sont parfois de ravissants chefs-d'œuvre de gravure, où le forgeron du village a épuisé toute l'inspiration de son génie artistique. D'ordinaire, ces sabots, œuvre de patiente adresse, sont le cadeau, qu'à Noël, le *fadri* offre à sa future; viennent les jours gras, la jeune préférée recevra encore de la même main une quenouille rouge et son fuseau, qu'elle promènera dans le quartier avec une vaniteuse ostentation, au grand déplaisir de ses rivales. En retour, elle doit offrir, aux mêmes fêtes, une paire de jarretières à glands, un béret ou une bourse empanachée de rubans, de paillettes ou de jais. Même à Bethmale, les jolis cadeaux entretiennent l'amitié.

Ce costume, si intéressant ou si étrange qu'il soit, n'autorise pas l'induction de quelques esprits aventureux qui ont pensé que les habitants de cette vallée constituaient un groupe ethnologique qui n'avait pas de similaire dans nos contrées. De récentes observations anthropologiques sont loin de confirmer cette opinion. Nous inclinons plutôt à croire que ce costume appartient aux anciennes peuplades de nos Pyrénées. Abrité contre les invasions mobiles de la mode, dans ce coin isolé, il a pu, plus facilement qu'ailleurs, se conserver dans sa forme primitive. Avec quelques modifications de couleurs, on en retrouve d'ailleurs des vestiges tels que le corsage à courtes manches, la bavette, la jupe plissée, la culotte et la veste de bure, dans les hautes vallées du versant français, Massat, Ossau, etc. Rien ne ressemble à un Parisien comme un Bethmalais à qui on aurait passé une confection de la capitale, et la Bethmalaise la plus typique serait une jeune fille des bords du Rhône ou de la Loire affublée de la coiffure, du tablier rouge et des sabots de nos montagnardes. De sagaces observateurs ont été sur ce point victimes d'habiles fumisteries.

Quoi qu'il en soit, ce costume est fort singulier par sa coupe et l'harmonieuse diversité de ses couleurs; et pour sa confection, le Bethmalais n'a besoin du secours d'aucun ouvrier étranger. La femme file le lin et la laine; l'homme tisse, coupe et confectionne.

II. Il y a de l'artiste dans ce brave montagnard. Vous n'avez qu'à le voir, à ses heures de loisir, muni de son couteau, comme il dessine, grave et sculpte. Rarement, sans doute, il aborde les profils académiques, mais le trait d'ornementation, ces rinceaux, ces méandres, ces palmettes, ces branches de fougère, tous ces motifs qui ont fait le triompne de l'architecture du moyen âge, il vous les enlève avec la dextérité des plus habiles *talieurs d'imaiges*. Il les répand à profusion sur ses ustensiles de ménage, ses bâtons, les sabots, les quenouilles, les fuseaux. Comme le pâtre italien, le Bethmalais passe volontiers sa journée à faire retentir de ses chants et de ses longs sifflements les prés et les bois, n'oubliant pas de graver sur l'écorce tendre du hêtre son nom et les emblèmes de sa pensée et de ses affections.

Car, c'est d'instinct qu'il est berger comme son aïeul et son père. Tout enfant, à peine sait-il se tenir sur ses jambes, qu'il saisit un bâton et qu'il court après l'agneau, sifflotant, hélant comme le *vieux* qu'il doit remplacer. Demander au Bethmalais pourquoi il aime son troupeau et sa montagne, autant vaudrait demander au marin, à l'oiseau, à l'abeille pourquoi ils aiment la mer, le grand air et la fleur odorante. Et s'il n'avait pas son troupeau, partant plus de lait, plus de fromage, plus de laine; la misère noire dans toute la vallée.

Aussi pour le peindre dans son vrai cadre, faut-il le placer sur l'escarpement d'un roc, appuyé sur sa houlette, entouré de ses moutons, mêlant ses couplets rustiques aux tintements des clochettes, au jappement du chien et à ce bruissement confus, de l'insecte, du vent, de l'oiseau, de la bruyère, de ces mille petits musiciens inconnus qui fondent leurs mélodies disparates dans les ravissantes harmonies de la nature. C'est là qu'il est chez lui, au milieu de ces arbres qui l'ont vu grandir et de ces rochers de granit qu'il a vu briser par la foudre, insouciant, gai, fredonnant, tordant, à belles dents, son pain de seigle qu'assaisonne une écuelle de lait fumant ou d'eau fraîche.

Quand le déclin du soleil allonge les ombres comme de frissonnants fantômes qui précèdent la nuit, le pâtre et son chien ramènent le troupeau et regagnent la cabane. Et quelle cabane, bon Dieu ! un trou sous une pyramide de gazon. Vous entrez par où sort la fumée et vous vous juchez sur le *ténis* formé de branches de sapin, c'est le lit et la table ; là, les jambes croisées, à la mode orientale, vous mangez dans votre *sange* de hêtre et vous dormez tout votre soûl, roulé dans votre cape de laine. Devant vous, flamboient les racines de genévrier et de rhododendrons faisant bouillir le lait du soir, dans une immense chaudière ; derrière et sur vos têtes, une série d'étagères où une odeur infecte vous révèle la présence des fromages fraîchement pétris ; çà et là, dans les fissures, des clochettes fêlées, des coutelas, des moules à fromages, des cuvettes, des cueillers, des chiffons, tout l'attirail d'un ménage ambulant, primitif. Il y aurait place pour quatre dans cet étroit réduit et vous êtes dix, s'il n'arrive pas d'étrangers, avec les mille embarras d'un campement, accroupis, serrés comme des moutons dans le parc d'à côté. On voit bien que la cabane n'est qu'un vulgaire accessoire dans la vie pastorale. Le berger n'y rentre que pour y dormir quelques heures, mais sa tente, à lui, est dehors, sous l'étincelant pavillon du ciel. C'est là qu'il se tient debout de toute sa taille, se meut et s'agite, à son aise. Enfant de l'espace et de l'air libre, avant tout !

Berger par vocation, le Bethmalais devient chasseur par accident. Il a, autour de lui, des pièces de choix, l'isard, le coq de bruyère, le lagopède qui sont faits pour tenter son humeur cynégétique.

L'isard, il le chasse aux longues journées d'été, alors qu'il habite sa hutte de la montagne ; s'il l'aperçoit, sur la crête d'un pic, broutant son serpolet, il suppute le sentier qu'il prendra pour regagner son gîte ; vite, il se dissimule derrière un rocher et attend sa proie au passage. Le coq, il le chasse au printemps, dans les bois touffus. Quand le soleil commence à dorer de ses rayons les bourgeons naissants du hêtre et du sapin, l'imprudent volatile chante son réveil et l'ennemi répond par des coups de feu meurtriers. Le perdreau blanc est l'hôte des lieux isolés, des précipices et des neiges ; volontiers cependant il se familiarise avec les troupeaux et devient victime des guet-à-pens des gardiens.

Élevé dans les habitudes normales de la vie pastorale, le Bethmalais n'a pas d'aptitude pour l'agriculture. Il ensemence son champ pour recueillir une moisson indispensable à l'entretien de sa famille, mais il ne l'améliore par aucune œuvre d'art. Son jardin est un potager d'où les fleurs sont exclues et les arbustes comme un luxe inutile. Le travail des champs incombe aux femmes ; l'homme le dédaigne par fierté ou par crainte d'une fatigue à laquelle ne le dispose guère l'oisiveté de ses habitudes nomades. Aussi les machines agricoles destinéees à économiser les forces humaines, en décuplant la somme de travail, n'ont pas pénétré dans ce pays, où on laboure encore avec la charrue de bois, comme au bon vieux temps ; on sème et on plante ce que semaient et plantaient les ancêtres. Satisfait de sa condition, le Bethmalais ne cherche pas à la modifier par les améliorations du progrès moderne et, peut-être, cet homme est-il heureux parce qu'il pense l'être.

Je ne voudrais cependant pas le présenter comme un de ces parias atrophiés qui s'immobilisent dans une stupide indifférence. Il est actif, industrieux, quand les nécessités de la vie l'exigent. C'est lui qui bâtit sa cabane, qui pourvoit son ménage de tout l'outillage nécessaire. Il excelle surtout dans l'art de travailler le bois. Ses plats, ses cueillers, ses sièges, ses tables, tous les genres de vases nécessaires à la conservation de son lait et à la fabrication du fromage, c'est lui qui les façonne, dans un tronc de hêtre ou de sapin, avec les instruments les plus rudimentaires, la hache et le couteau.

Ses dispositions pour le commerce sont tout à fait négatives. D'ailleurs, en dehors des bestiaux qu'il élève et du fromage qu'il fabrique avec des appareils tout primitifs, il n'a guère d'autre matière à échange.

Profondément attaché au sol qui l'a vu naître, il n'émigre qu'à regret, quand il doit aller quérir son pain ailleurs, et encore s'éloigne-t-il le moins possible de ses montagnes.

Il y a à peine quelques années, ceux qui désiraient prendre service avec les fermiers des environs se rendaient à la foire de Saint-Marc, sur la grande place de Castillon ; là, le jeune pâtre, muni de son bâton, et la jeune fille, filant sa quenouille. attendaient qu'un maître vint les engager pour une modique rétribution. Cette sorte d'exposition humaine. qui avait parfois ses dangers, sentait un peu les marchés d'outre-mer. Elle tend à disparaître, comme tant d'autres choses que nos mœurs ont jugé surannées.

Les propagateurs à outrance de l'instruction démocratique prétendent que son esprit est revêche aux modernes méthodes de l'enseignement. Je veux bien que notre sympathique montagnard obsédé, dès l'enfance, par les soucis de la vie matérielle ne tourne pas ses aptitudes de ce côté ; de là, à nier l'existence de ses facultés intellectuelles, il y aurait une erreur et une injustice qu'on ne doit pas commettre. Il faudrait n'avoir jamais rencontré ces physiono-mies ouvertes qu'illumine un regard limpide, énergique pour nier le reflet vivant d'un esprit naturel, primesautier, exubérant. Grattez cette écorce un peu fruste et vous réveillerez l'étincelle qui dort.

Un Bethmalais, se trouvant de passage à Foix, entre dans une salle de café ; c'était son droit à lui comme à vous, et il voulut en user, absolument comme s'il eût été dans son village. Il avait, ce jour-là, étant de voyage, pris son grand chapeau, sa culotte courte et son plus solide bâton. Il devint, dès son entrée, le point de mire de tous les regards et de tous les lazzi. Il faisait tache noire, au milieu de tables de marbre blanc, des glaces dorées et des étincelantes lumières de la salle.

— Hé, dites donc, là-bas, le bonhomme, savez-vous que vous êtes *chic* dans votre pays ?...

— D'où venez-vous donc comme ça... Qu'est-ce qu'on sait faire chez vous ?...

— Chez nous, Messieurs, on sait siffler.

— Ah ! pour le coup, voyons ça, sifflez un petit air, ça doit être drôle le sifflement de votre pays... Et le paysan essaie un petit sifflotement, bas, sourd, interrompu.

— « Mais, sifflez donc plus fort, » s'écrient les loustics en chœur. Une locomotive siffle mieux que vous.

— « Ah ! Messieurs, chez nous on ne siffle pas plus fort, quand on a les bêtes tout près... »

On n'insista pas.

Il.y a des taches au soleil et toute médaille a son revers.

Si le Bethmalais a la répartie mordante, s'il est intelligent, je n'oserais pas chanter trop haut l'innocence de ses mœurs. La vie des champs donne aux jeunes filles une liberté dont elles abusent parfois et bien des couronnes s'effeuillent avant l'heure. J'estime cependant qu'elles valent mieux que leur réputation ; les mauvaises langues sont injustes et je ne sais si la femme de César eût longtemps gardé intact l'honneur de son nom, dans les carrefours de nos villages.

On dit même qu'un objet égaré ne retrouve plus son maître légitime, en ces pays, et que maintes fois le beau linge blanc, sur une haie d'aubépine, a tenté plus d'une de ces pauvres filles d'Ève. Mais tout cela, méchants propos de commères, si vous voulez, et gardez vos illusions sur la probité humaine.

Le jeune Bethmalais, lui, est hardi, tapageur, et sans peur. Le béret sur l'oreille, le tricot boutonné jusqu'au menton et son noueux bâton à la main, il défie tous les gars du voisinage ; et aux jours de grandes réunions, à la ville prochaine, il n'est pas rare qu'il frappe d'estoc et de taille pour vider une querelle ou redresser quelque tort.

On n'a pas perdu, à Castillon, le souvenir d'une irruption de la population de la vallée, vers 1848. De par le gouvernement provisoire un nouveau maire venait de lui être imposé. Ce magistrat n'était pas au goût de ses concitoyens. On murmure, on délibère, et du projet à l'action le Bethmalais ne connaît pas d'intervalle. Trois cents hommes robustes et déterminés comme de jeunes lions blessés vont sur le champ, en colonnes serrées, trouver le commissaire de la République : « Rendez-nous notre ancien maire ou nos bâtons vengeront l'injure que vous lui avez faite ! » dit le chef de la bande. Le commissaire essaie de calmer la troupe mutinée, en justifiant l'acte administratif du gouvernement.

« Notre ancien maire ou la mort ! »

Et trois cents bâtons se lèvent sur la tête de l'orateur.

En homme avisé, le commissaire cède devant les menaces de cette foule irritée qui rentra triomphalement dans sa vallée, rapportant à son chef aimé les insignes d'un pouvoir dont on l'avait brutalement dépouillé.

III. — Evitez de froisser l'amour-propre du Bethmalais, ne touchez pas non plus à sa foi religieuse, car il a le sentiment profondément chrétien. Il ne discute pas les dogmes qu'on propose à sa croyance, il les accepte tels que l'enseignement oral les lui a transmis. Il croit comme son père et sa mère et il mourra dans cette foi que jamais un doute sérieux n'aura troublé. Comme le poète il n'a pas besoin de dire :

« O Dieu de mon berceau, sois le Dieu de ma tombe ! »

Il le sera. Mais, ce Dieu l'aura-t-il jamais vu dans l'intuition de sa pensée ? J'en doute. Il l'aura servi dans la simplicité de sa vie et il en espère la récompense. Ni les problèmes sociaux, ni les questions théologiques n'auront fatigué ses méditations ; il est allé droit son chemin, sans regarder à ces abîmes qui donnent le vertige, guidé par ce sens pratique qui épargne de mortelles lassitudes.

Il pratique sa foi sans vaine ostentation, mais aussi sans respect humain ; il se signe devant la croix plantée à l'angle d'un sentier, prie sous les murs du cimetière, se découvre aux tintements de *l'angelus* et volontiers participe à toutes les cérémonies extérieures du culte, processions et pèlerinages. A la messe de minuit, couvert de sa grande cape blanche, en souvenir de l'adoration des bergers de Bethléem, il va dévotement à l'offrande, déposant, dans la corbeille, sa galette de pain noir.

En la fête de l'Annonciation, sa petite fille, qui a jeuné tous les samedis de l'année, va tout de neuf habillée, offrir un cierge et un gâteau à l'autel de la Vierge, prémices d'un âge innocent.

Mais, cette foi n'est pourtant pas indemne de certaines pratiques qui en altèrent la pureté.

Si la sécheresse compromet sa récolte, le Bethmalais ira tremper les images de ses saints dans l'eau des fontaines ; si la grêle menace des champs, il ira payer un tribut au sorcier du voisinage qui a le pouvoir de détourner le fléau. La vieille sorcière surtout est une précieuse ressource pour lui ; il va lui demander les secrets de l'avenir, l'origine et l'auteur d'une infortune, d'une maladie, l'interprétation de ses songes. Il y a pour lui des jours néfastes, des nombres malheureux, des oiseaux de mauvais augure ; si les pies jasent autour de sa cabane, la mort ou un accident grave ne tardent pas à survenir ; si, dans un jour d'orage, la foudre sillonne la nue, il est sûr de s'en mettre à l'abri en tournant le tranchant de sa hache vers le ciel. Voulez-vous de la veine au jeu, portez sur vous une langue de couleuvre. Vous ferait-il plaisir de découvrir un joli petit nid de pinson ou de fauvette, attendez que le coucou ait chanté et alors saluez, roulez-vous trois fois par terre et partez. Si vos poules chantent la nuit, débarrassez-vous-en, elles attireraient des malheurs sur votre maison. Ayez soin de bien fermer les paupières aux mourants ; si quelqu'un mourait chez vous, les yeux ouverts, bientôt la mort vous atteindrait à votre tour. Et n'allez pas vous récrier contre ces pratiques populaires, vous risqueriez de perdre votre temps et de passer pour un novateur dangereux. En Bethmale, on déracinerait plus facilement, d'un tour de main, le plus robustes des chènes, que l'on n'extirperait le plus ridicule des préjugés.

IV. — Les principaux événements de la vie : naissance, mariage et décès donnent lieu à quelques cérémonies que nous ne devons pas omettre.

Peu d'heures après sa naissance, l'enfant est habillé de sa plus belle robe et couché dans un berceau couvert d'un châle rouge ou blanc, suivant le sexe du nouveau-né. On le porte à l'église pour le baptême ; mais, avant de franchir le

seuil de la maison, le père et la mère le bénissent : « Que
Dieu lui donne longue vie et jours heureux ! » A son retour, il est fêté dans un modeste repas dont le parrain et la
marraine font tous les frais et ils ne sont pas ruineux. L'un
a fourni le pain et le fromage et sa commère le vin. Si le
nouveau-né est un garçon, sa naissance doit être saluée par
une salve de coups de pistolets. La donzelle qui est chargée
de porter l'enfant doit bien se garder de tourner la tête en
chemin. Un oubli sur ce point serait fatal au nouveau-né,
les sorcières prendraient empire sur lui ; et, l'on aura soin,
pour conjurer leurs maléfices, de suspendre à l'arc du berceau quelque objet bénit ; les plus avisés même ne manque-
ront pas de tourner le couvre-pieds à l'envers. L'enfant
peut dormir tranquille alors, l'influence des malins esprits est paralysée par cette ingénieuse précaution.

Le mariage est encore ici précédé de cette cérémonie de
la capture qui, au rapport de Plutarque, existait jadis à
Sparte et qui est en usage chez la plupart des peuplades
sauvages. La veille des noces, sur le déclin du jour, le
futur, escorté de ses donzeaux, se dirige vers la maison de
la fiancée. La porte en a été préalablement close. Le futur
frappe trois coups. Un dialogue chanté s'établit entre les
donzelles qui sont dans l'intérieur et le groupe du fiancé
qui demande à entrer.

Chœur des garçons : Nou m'oun draubirioou era porto,
　　　　　　　　　　Beros, se m'oun aimau,
　　　　　　　　　　Nou m'oun draubirioou era porto ?

Chœur des filles : 　Tanco l'y era porto, pourtiero,
　　　　　　　　　　Tanco l'y era porto.
　　　　　　　　　　Demando ce qu'en porto
　　　　　　　　　　E nobi a sa nobio,
　　　　　　　　　　Demando ce qu'en porto.

Chœur des garçons : Yo camisetto l'yn porto
　　　　　　　　　　E nobi a sa nobio,
　　　　　　　　　　Yo camisetto l'yn porto.

Chœur des filles : 　D'aco ja moun auem,
　　　　　　　　　　E noun boulem.
　　　　　　　　　　Tanco l'y era porto, pourtiero,
　　　　　　　　　　Tanco l'y era porto.
　　　　　　　　　　Demando ce qu'en porto

<blockquote>
E nobi a sa nobio,
Demando ce qu'en porto.
</blockquote>

Chœur des garçons : Yo raubetto l'yn porto
E nobi a sa nobio,
Yo raubetto l'yn porto.

Les filles répondent encore :

<blockquote>
D'aco ja moun auem,
Etc...
Demando ce qu'en porto ?
</blockquote>

Les garçons, dans les couplets suivants, énumèrent les divers cadeaux que le fiancé apporte; mais les filles font les dédaigneuses jusqu'à ce qu'elles entendent ce couplet :

<blockquote>
Un goujatet l'yn porto
E nobi a sa nobio,
Un goujatet l'yn porto.
</blockquote>

Chœur des filles : D'aco ja nou n'auem
E jam boulem;
Destanco ly era porto, pourtiero,
Destanco l'y era porto.

La porte s'ouvre et la troupe joyeuse fait irruption dans la maison. La fiancée a disparu. On se met à sa recherche; on fouille tous les coins de la cave au grenier, et celui qui a eu la bonne fortune de la découvrir, l'embrasse le premier et conduit le précieux trophée au fiancé.

La veillée se passe en amusements et en préparatifs de la fête du lendemain. Les jeunes filles décorent de rubans et de fruits de gigantesques rameaux de lauriers; les donzeaux font sauter, à tour de rôle, la crêpe traditionnelle de blé noir qui doit régaler la société.

Quand l'heure de la cérémonie religieuse est arrivée, le garçon d'honneur se présente pour chausser la fiancée. Il loge aisément le pied droit dans son soulier neuf; mais, le pied gauche ne peut entrer; la chaussure est trop étroite, trop courte, il faut une grande plume de poule; la maîtresse de céans porte le volatile le plus gras de sa volière, on choisit la plus belle plume de l'aile que l'on place sous le talon de la fiancée, et, par enchantement, voilà le pied dans le soulier. La poule demeure l'otage des donzeaux. Richement enguirlandée de fleurs et de rubans multicolores, comme les antiques victimes, elle fait partie du cortège qui se rend à l'église précédé des lauriers que portent les donzeaux. A défaut d'orgues, c'est la poule qui est chargée, durant la cérémonie, de réveiller par ses cris stridents les échos de l'église. L'un des donzeaux a mission de provoquer son chant par d'incessantes tracasseries; ce chant est de bon augure pour l'heureux couple, s'il manquait, l'un des invités, dissimulé dans un coin de l'édifice sacré, devrait en imiter le gloussement afin qu'aucun présage de bonheur ne manquât à l'hyménée. Le fait ne serait pas d'ailleurs sans précédents dans l'histoire de nos cérémonies conjugales.

De retour à la chambre nuptiale, les nouveaux mariés s'agenouillent sur deux chaises, et chacun des invités vient tour à tour les féliciter et les embrasser, en déposant son offrande dans un bassin. La journée se termine dans un copieux festin suivi de chants et de danses.

Et notre intéressante poule? Elle est immolée au dieu de l'hymen, afin qu'il répande des roses sans épines sur le chemin des jeunes époux, et, le dimanche suivant, elle fait les honnéurs d'un petit dîner auquel les donzeaux invitent les donzelles, et, maintes fois de ce repas intime, naissent de nouvelles unions.

Les sépultures donnent lieu aussi à un repas simple, frugal, dans lequel on s'interdit la viande. Le laitage et le riz en forment le fonds principal; il doit de rigueur se terminer par une prière pour le repos de l'âme du défunt.

Le deuil est porté avec le grand manteau noir et le chapeau à larges bords que l'on ne quitte même pas d'un an à l'église pendant les offices divins.

On se fait un religieux scrupule d'observer, dans l'inhumation, l'ancien usage de tourner la tête du mort vers l'orient. C'est de là que vient la lumière, c'est de là qu'est venue la promesse de la résurrection. Le défunt est accompagné au cimetière avec d'exubérantes démonstrations de douleur; c'est un concert de cris et de plaintes dont la bruyante expression fait douter parfois de la sincérité des regrets. Ces lamentations sont entremêlées de soupirs et d'apostrophes au mort; une véritable oraison funèbre dont les détails paraîtraient plus d'une fois burlesques, si la naïveté ne les excusait.

V. — L'idiome parlé en Bethmale est le gascon, sous-dialecte du Haut-Couserans, comme on peut le constater par le texte des proverbes et des chansons que nous reproduisons. On sent bientôt l'influence du catalan sur ce langage que tend de jour en jour à altérer l'action de la langue française. Cependant cette filiation du catalan et du patois est moins sensible, ici, que dans la vallée voisine de Biros. Là, l'identité des termes est plus fréquente et l'inflexion de la voix a un rythme presque espagnol. A Bethmale, l'intonation est moins musicale, plus douce, plus naturelle. La femme surtout parle avec une grâce souriante qu'accompagne fort bien l'aisance de ses manières. L'homme emploie volontiers les images d'une rhétorique toute locale, prend ses comparaisons dans la série des êtres et des choses qui l'environnent, parsemant son discours de maximes que lui ont répété les échos de la maison. Il affecte surtout la forme proverbiale qui donne à l'observation un piquant relief. Veut-il dire que la Providence a placé chaque créature dans la latitude qui lui convenait et, dans un sens moral, que les épreuves sont mesurées à la grandeur d'âme du patient :

> Diu que da era briso
> Suibant era camiso.

Soyez prudent dans vos paroles :

> Detras parech e sego,
> Nou digos paraulo pego.

Les sottises des uns profitent aux autres :

> S'es paysans nou eron ta sots,
> Es aboucats qué pourtarion esclops.

Qui ne travaille pas dans sa jeunesse, devra travailler dans sa vieillesse :

> E que nou hé pouri,
> Que hara roussi.

Rien ne rend ingrat comme la fortune :

> Quan benc era glorio.
> Adiu era memorio !

Rien de mauvais comme le parvenu :

> Qui de millas benc a pa,
> Que piri que ca.

Thermalité des sentiments qui se succèdent dans le mariage :

> A prume an, nas à nas ;
> A secound, bras à bras ;
> A trousième peino d'auïtas ;
> D'aïqui alla, marcha à pas.

Probité de certaines professions :

> Sept sartes,
> Sept haures,
> Sept mouliés
> Auitadis per un trauc de birou,
> Vingto un laïrou.

C'est relativement aux variations météorologiques, surtout que les locutions proverbiales tombent à foison. Mais, comme elles sont à tout instant et dans tous les pays reproduites avec des modifications peu sensibles, nous n'en citerons que deux ou trois qui ont une saveur particulière de terroir :

Cherchez les pronostics du beau temps, au mois de juin, du côté de la plaine et, en octobre, du côté de la montagne :

> A tems d'era houguèro
> E séré p'era ribèro ;   .
> A tems d'era castagno,
> E séré p'era mountagno.

Quand, à l'automne, souffle le vent du nord, la pluie menace ; le vent du midi, au contraire, amène le beau temps :

> S'eras broumos biron enta Pailhas
> Pastou, çerco capo, se nou n'as ;
> Se tournoun de Pailhas,
> Tiro l'ot, se l'as.

Époques de la disette et de l'abondance dans les campagnes :

> Quan era gesto flouris,
> Era hame en païs ;
> Quan bajoco,
> Qu'eï toco ;
> Quun he cric croc,
> Era hame en loc.

La danse, que l'on retrouve chez tous les peuples, est ici pratiquée dans les limites d'une louable modestie. La chorégraphie moderne avec ses libres allures n'y a pas encore reçu droit de cité. Au son du hautbois champêtre, le Bethmalais danse encore la vieille *bourrée*. Quelquefois même, en l'absence du ménétrier, un jeune gars de solide poitrine monte sur un pan de mur et lance les groupes des danseurs qui voltigent, pirouettent et s'entrecroisent aux ritournelles cadencées de sa voix.

En dehors de son village, le Bethmalais ne se détermine pas facilement à prendre part à cet amusement, aussi vieux que le monde. Il craindrait de paraître gauche, inexpérimenté dans les divers genres de danse que la mode substitue à la vieille gymnastique de nos pères. Coquetterie et vanité plutôt que pruderie.

Voici une chanson qui mène d'ordinaire la danse populaire de la contrée, la *bourrée* :

> Ara mountagno, ma maïre,
> Ara mountagno,

Jogon de biuloun, ma maïre,
  Qu'en jogon de biuloun.

Se jogon ouaïre, ma maïre,
  Se jogon ouaïre,
Se jogon ouaïre, ma maïre,
  Y cau ana dansa.

Se tu bas dansa, ma hillo,
  Se tu bas dansa,
Toun marich t'en battra, ma hillo,
  Toun marich t'en battra.

S'em bat qu'em batto, ma maïre,
  S'em bat qu'em batto,
Jou m'y tournaré, ma maïre,
  Jou be m'y tournaré.

Se tu t'y tournos, ma hillo,
  Se tu t'y tournos,
Se tu t'y tournos, ma hillo,
  L'ase ben courrera.

S'en cour qu'en courro, ma maïre,
  Se cour qu'en courro,
S'en cour qu'en courro, ma maïre,
  Per bous ben a courrut.

Cette chansonnette n'appartient peut-être pas exclusivement à la vallée, nous l'avons entendue chanter dans d'autres villages de la région, mais elle fait partie du répertoire de tout bon chanteur, et il nous semble que ce n'est qu'en Bethmale qu'on lui trouve une saveur locale.

D'ailleurs, l'inspiration poétique ne manquerait pas à nos montagnards, s'ils voulaient accorder leurs lyres. Leur âme s'attendrit au contact de la nature vibrante d'émotions et leur langue rend des harmonies que maint poète couronné leur envierait. Plus d'un Théocrite s'ignore sous la cape grossière du pâtre. Leur imagination exubérante peuple les carrefours de noirs fantômes, les lieux sauvages de fées timides, les fontaines et les lacs de visions mystérieuses, les montagnes de scènes homériques et leurs nuits de rêves enchanteurs.

Vous allez sur les flancs du Mont-Valier et vous passez

indifférent à côté de quelques rocs épars, comme des taches grisâtres sur un tapis de verdure, arrêtez-vous donc ; voici les *Oueillos antiquos*. Ecoutez le pâtre :

« En ce temps-là, Notre-Seigneur, avec saint Pierre, voyageait sur la terre. Passant d'aventure en ces montagnes, ils rencontrent un berger à la tête de son troupeau.

« — Berger, où vas-tu ainsi? lui dit le Maître.

« — Je vais paître mes moutons sur le Mont-Valier.

« — Il faut dire : si Dieu le veut.

« — Qu'il le veuille on non, j'y vais, reprit le pâtre mal appris.

« — Halte ! dit le Maître.

« Et à l'instant, berger, chien et troupeau furent changés en autant de pierres que voilà ! Et apprenez à respecter l'autorité du Maître. »

Et la grotte qni s'ouvre au rocher de Balam, on sait bien qu'un mouton y étant par mégarde entré, un jour de grosse chaleur, pour s'y aller reposer à l'ombre fraîche, y demeura de longues semaines, sans que l'on ait jamais su de quoi il s'était nourri, et quand il sortit, sa toison ruisselait de gouttelettes d'or.

Qu'allait-on jadis chercher si loin l'Eldorado? Légende pour légende, celle-ci vaut bien celle d'Orellana.

Dans le large ravin qui sépare les pâturages de Lespugue des pentes rocheuses des Louzets, il y a trois étangs qu'on nomme : Cruzous, Milouga et Arauet. Il s'est passé là un événement qu'il faut encore que je vous conte.

Ceci remonte à un temps que personne ne peut préciser; mais il y eut jadis une grande invasion d'Espagnols qui venaient faire main basse sur les troupeaux français. Les Espagnols, étaient en foule et pourvus de piques. Les bergers français n'étaient que quatre ou cinq et sans armes. Alors, l'un d'eux monte sur le Tuc de la Cèbe et appelle au secours. Muni d'une trompette de verre, il crie à tous les bergers des montagnes et des vallées de Bethmale :

> Turluret, turluret,
> A secours en Arauet !
> Éra bédéro de bacolo
> En a caudérolo,
> E ca de Bauby

En sus de gauï.
Turluret, turluret,
A secours en Arauet[1] !

L'appel fut entendu ; les défenseurs arrivèrent nombreux et terribles dans les représailles. Les envahisseurs furent tous précipités sans pitié dans les étangs :

En Cruzous,
Cent et dous ;
En Arouet,
Cent et houet ;
En Milouga,
Nou y sap quanti n'y a.

Un écolier de la péninsule, qui seul avàit échappé au massacre, rentra en Espagne pour annoncer la triste nouvelle. Il alla par les vallées de Pailhas, répétant cette complainte :

Hennos de Lous,
Amantatz bous
Es capuchous,
Besos etz bous.

Aujourd'hui encore, pendant les nuits sombres, on entend des gémissements qui montent du fond de ces lacs et de grandes batteries de soldats et de sinistres bruits d'armes. Ce sont, assure-t-on, les âmes de ces anciens guerriers que le bon Dieu envoie en ces lieux pour expier leurs péchés.

C'est incroyable tout ce que l'on peut voir et entendre de choses étonnantes dans ces parages. En tel lieu, un pâtre reçut un coup d'aile d'oiseau sur son épaule, et oncques plus de son bras paralysé il ne put faire le signe de la croix ; en tel autre, on a vu, au grand jour, des moutons enlevés en l'air par une puissance invisible et disparaître à tout jamais. On vous montrera même la fontaine dans laquelle il suffit de laisser tomber quelques gouttes de lait pour provoquer sur-le-champ de violents orages.

---

1. Voici la traduction de ce chant rimé : « Turluret, turluret, venez tous au secours vers le lac d'Arauet, car la genisse de la vache a été mise dans la chaudière, et le chien de Bauby sur le billot, pour être tué. »

Vous pouvez parcourir toutes les Pyrénées, voire même les Alpes, et vous ne trouverez pas comme celle-ci une autre terre de prodiges !

Que de charmants petits poèmes l'on pourrait écrire sous la dictée de ces imaginations enfantines qui savent tout embellir de gracieuses fictions. Tant d'autres réalités attristantes assombrissent la vie ; laissons-leur ces innocentes rêveries et retenons-en un petit parfum pour nos plaies.

Et vous qui voudriez, dans une seule excursion, trouver la fraîcheur des vallons creux et l'ardente lumière des grands pics, le contraste de la nature sauvage et des champs cultivés, l'originalité des mœurs et des costumes, les vieux us et les antiques traditions, qui chaque jour s'en vont, suivez le conseil du sympathique poète du *Chalet des roses* :

L'alpenstock d'une main, de l'autre cet ouvrage,
Du vallon enchanteur faites l'heureux voyage.

TABLE DES MATIÈRES

Toulouse, Imp. Douladoure-Privat, rue Saint-Rome, 39. — 3792

144